LE LION

LE CHIEN

LE SINGE

LA GIRAFE

L'ÉLÉPHANT

LA TORTUE

LA PIEUVRE

LA VACHE

LE POISSON

LA GRENOUILLE

____

LE CHAT

LE TIGRE

LE COCHON

LE LAPIN

L'SCARGOT

LE CERF

LE RATON LAVEUR

LE PANDA

LE LOUP

LA POULE

L'OISEAU

LA PAPILLON

LE KANGOUROU

LE CHEVAL

LE MOUTON

LA CHOUETTE

L'OURSIN

LE PERROQUET

LA PHRASE

LE DAUPHIN